幼儿语言启

宝宝学儿歌

青葫芦◎编绘

SPM 南方出版传媒 广东人民出版社
·广州·

前　言

3～6岁是孩子一生中词汇量增长最快的时期，是语言能力飞速发展的时期。孩子在这一阶段已经掌握了与生活有关的最基本的词汇，但还需要更丰富的语言刺激。我们根据孩子这个阶段发展的特点精心编写了这套儿歌。

《幼儿语言启蒙早开发·宝宝学儿歌》分为《三字儿歌》《知识儿歌》《益智儿歌》和《趣味儿歌》4册，每册包含36首儿歌。一首首语言优美、合辙押韵的儿歌中，包含着一个个充满趣味的小故事，帮助孩子丰富词汇量，提高记忆力、语言表达能力和理解力，开发想象力。本书的特色在于朗朗上口，适合朗读；插图精美，大字注音，便于认读；充满童趣，知识丰富，学习轻松，在阅读中为家长和孩子带来一段美好的亲子时光。

目录

shuì jiào gē
睡觉歌

yuè liang tiān shàng guà
月亮天上挂，

xīng xing yǎn jing zhǎ
星星眼睛眨。

xiǎo māo bù shuō huà
小猫不说话，

bǎo bao shuì jiào la
宝宝睡觉啦。

sì jì gē
四季歌

chūn tiān yè ér lǜ
春天叶儿绿，

xià tiān huā ér xiāng
夏天花儿香，

qiū tiān guǒ ér shú
秋天果儿熟，

dōng tiān bái xuě yáng
冬天白雪扬。

xiǎo xióng yùn xī guā
小熊运西瓜

xiǎo xióng ài chī dà xī guā
小熊爱吃大西瓜，
mǎi gè xī guā yùn huí jiā
买个西瓜运回家，
gǔn yì gǔn zhuī yì zhuī
滚一滚，追一追，
qiē kāi biàn chéng xī guā shuǐ
切开变成西瓜水。

zuò chē qù gōng yuán

坐车去公园

jīn tiān zuò chē qù gōng yuán
今天坐车去公园，
shàng chē pái duì zhàn lǐ bian
上车排队站里边，
yǒu gè kòng zuò gěi yé ye
有个空座给爷爷，
ān quán yǒu xù měi yì tiān
安全有序每一天。

qí dà mǎ
骑大马

qí dà mǎ, jià jià jià, yì pǎo pǎo dào lǎo lao jiā,
骑大马，驾驾驾，一跑跑到姥姥家，

jiàn le lǎo lao wèn shēng hǎo, lǎo lao duì wǒ xiào hā hā
见了姥姥问声好，姥姥对我笑哈哈。

tián zuǐ ba

甜嘴巴

xiǎo wá wa tián zuǐ ba jiào bà ba jiào mā ma

小娃娃，甜嘴巴，叫爸爸，叫妈妈，

jiào de yé ye xiào hā hā jiào de nǎi nai lè diào yá

叫得爷爷笑哈哈，叫得奶奶乐掉牙。

lā gōu gōu

拉钩钩

nǐ chū shǒu，wǒ chū shǒu，xiǎo xiǎo mǔ zhǐ lā gōu gōu。

你出手，我出手，小小拇指拉钩钩。

lā gōu gōu，lā gōu gōu，zán men dōu shì hǎo péng you。

拉钩钩，拉钩钩，咱们都是好朋友。

yí gè guā

一个瓜

tián lǐ guā péng jiē guā guā，guā guā dǎ zháo xiǎo wá wa，

田里瓜棚结瓜瓜，瓜瓜打着小娃娃，

wá wa kū zhe jiào mā ma，mā ma bào wá guài guā guā。

娃娃哭着叫妈妈，妈妈抱娃怪瓜瓜。

qiāo qiāo bǎn
跷跷板

qiāo qiāo bǎn　qiāo qiāo bǎn　yì qiāo qiāo dào bái yún biān
跷跷板，跷跷板，一跷跷到白云边。

tài yáng duì wǒ mī mī xiào　wǒ duì tài yáng bǎ shǒu zhāo
太阳对我眯眯笑，我对太阳把手招。

zhǎo péng you
找朋友

zhǎo ya zhǎo ya zhǎo péng you
找呀找呀找朋友，
zhǎo dào yí gè hǎo péng you
找到一个好朋友，
jìng gè lǐ, wò wò shǒu
敬个礼，握握手，
nǐ shì wǒ de hǎo péng you
你是我的好朋友。

xiǎo hǎi ōu
小海鸥

xiǎo hǎi ōu， zhēn yǒng gǎn，
小海鸥，真勇敢，

fēi de gāo lái fēi de yuǎn。
飞得高来飞得远。

wǒ men xué xí xiǎo hǎi ōu，
我们学习小海鸥，

bú pà xīn kǔ bú pà nán。
不怕辛苦不怕难。

dā jī mù
搭积木

dā jī mù，hóng lǜ lán，xiǎo bǎo bao，zuì ài wán。
搭积木，红绿蓝，小宝宝，最爱玩。

dā huǒ chē，fān guò shān，gài gāo lóu，lián zhe tiān。
搭火车，翻过山，盖高楼，连着天。

xiǎo hóu pāi pí qiú
小猴拍皮球

xiǎo hóu xiǎo hóu pāi pí qiú, yì pāi pāi dào hé lǐ tou
小猴小猴拍皮球，一拍拍到河里头。

xiǎo yā yóu lái tuō qǐ qiú, xiǎo hóu lián shuō xiè xie yōu
小鸭游来托起球，小猴连说谢谢呦。

kě ài de hú dié
可爱的蝴蝶

xiǎo hú dié chuān huā yī
小蝴蝶，穿花衣，

huā cǎo cóng zhōng lái xī xì
花草丛中来嬉戏，

zhuī zhú dǎ nào duō yǒu qù
追逐打闹多有趣，

xiǎo xiǎo hú dié zhēn měi lì
小小蝴蝶真美丽。

duī xuě rén
堆雪人

xiǎo xuě huā，piāo mǎn dì，
小雪花，飘满地，

duī xuě rén，zhēn huān xǐ，
堆雪人，真欢喜，

hóng zuǐ ba，hēi yǎn jing，
红嘴巴，黑眼睛，

jiù xiàng yí gè xiǎo táo qì
就像一个小淘气。

zuò zǎo cāo
做早操

zǎo zǎo qǐ chuáng kōng qì hǎo
早早起床空气好，

wǒ men dōu lái zuò zǎo cāo
我们都来做早操。

shēn shēn shǒu， wān wān yāo
伸伸手，弯弯腰，

tī tī tuǐ， bèng bèng tiào
踢踢腿，蹦蹦跳，

tiān tiān duàn liàn shēn tǐ hǎo
天天锻炼身体好。

yún ér piāo piāo
云儿飘飘

yún ér yún ér tiān shàng piāo
云儿云儿天上飘，

xiàng mián yáng xiàng huā māo
像绵羊，像花猫，

xiàng hú dié xiàng xiǎo niǎo
像蝴蝶，像小鸟，

biàn lái biàn qù zhēn qí miào
变来变去真奇妙。

bù dǎo wēng
不倒翁

xiǎo xiǎo bù dǎo wēng
小小不倒翁，

zhǎng de zhēn qí guài
长得真奇怪。

hú zi yí dà bǎ
胡子一大把，

yàng zi xiàng xiǎo hái
样子像小孩。

yào tā tǎng xià qù
要他躺下去，

tā yòu zhàn qǐ lái
他又站起来。

pú tao téng
葡萄藤

pú tao téng pá de gāo pá dào jià shàng chuī pào pao
葡萄藤，爬得高，爬到架上吹泡泡，

chuī le yí chuàn yòu yí chuàn chuàn chuàn dōu shì tián pú tao
吹了一串又一串，串串都是甜葡萄。

浪花歌

lànghuā gē

浪花飞，浪花笑，我追浪花浪花逃，

làng huā fēi, làng huā xiào, wǒ zhuī làng huā làng huā táo,

我骑浪花海里跑，浪花打我后脑勺。

wǒ qí làng huā hǎi lǐ pǎo, làng huā dǎ wǒ hòu nǎo sháo.

xiǎo xiǎo pú gōng yīng
小小蒲公英

cǎo dì shàng fēng ér chuī
草地上，风儿吹，

pú gōng yīng dǎ kē shuì
蒲公英，打瞌睡，

mèng jiàn huái lǐ xiǎo bǎo bao
梦见怀里小宝宝，

biàn chéng yǔ sǎn mǎn tiān piāo
变成雨伞满天飘。

mā ma de huái bào

妈妈的怀抱

mǎ yǐ lǜ yè huái lǐ tǎng
蚂蚁，绿叶怀里躺，

hú dié huā duǒ huái lǐ tǎng
蝴蝶，花朵怀里躺，

xiǎo niǎo dà shù huái lǐ tǎng
小鸟，大树怀里躺，

bǎo bao mā ma huái lǐ tǎng
宝宝，妈妈怀里躺。

dòng wù yuán

动物园

dòng wù yuán lǐ hǎo rè nao
动物园里好热闹，

dà lǎo hǔ　xiǎo xióng māo
大老虎、小熊猫，

xiǎo lù kě ài yòu líng qiǎo
小鹿可爱又灵巧，

kǒng què kāi píng wěi ba qiào
孔雀开屏尾巴翘。

xiǎo nào zhōng
小闹钟

xiǎo nào zhōng dī dī dī
小闹钟，嘀嘀嘀，

xiǎo péng yǒu kuài kuài qǐ
小朋友，快快起，

zǎo qǐ duàn liàn hǎo shēn tǐ
早起锻炼好身体，

shàng xué zhǔn shí qín xué xí
上学准时勤学习。

xuě huā
雪花

xiǎo xuě huā，xiǎo xuě huā，
小雪花，小雪花，

piāo zài kōng zhōng xiàng lí huā，
飘在空中像梨花，

piāo zài chuāng shàng xiàng chuāng huā，
飘在窗上像窗花，

piāo zài shǒu zhōng bú jiàn la。
飘在手中不见啦。

dàng qiū qiān
荡秋千

xiǎo xiǎo qiū qiān dàng de gāo
小小秋千荡得高，

yí dàng dàng guò liǔ shù shāo
一荡荡过柳树梢。

zhāi duǒ bái yún huái zhōng bào
摘朵白云怀中抱，

sòng gěi nǎi nai lè wān yāo
送给奶奶乐弯腰。

huà yuán quān

画圆圈

qīng wā tiào shuǐ huà dà yuán

青蛙跳水画大圆，

cì wei tuán shēn gǔn yì quān

刺猬团身滚一圈。

xiǎo yú pào pào tǔ yí chuàn

小鱼泡泡吐一串，

hóu zi shù shàng dàng liǎng biān

猴子树上荡两边。

wǒ men dōu shì hǎo péng you
我们都是好朋友

lā lā shǒu tī tī qiú
拉拉手，踢踢球，
yì qǐ yóu xì lè yōu yōu
一起游戏乐悠悠。
zhuàn gè quān diǎn diǎn tóu
转个圈，点点头，
nǐ shì wǒ de hǎo péng you
你是我的好朋友。

shù zì gē

数字歌

yì zhī hú dié cǎi huā mì
一只蝴蝶采花蜜，

liǎng zhī lǎo shǔ tōu dà mǐ
两只老鼠偷大米，

sān zhī gōng jī chuān huā yī
三只公鸡穿花衣，

sì zhī niǎo ér shù shàng lì
四只鸟儿树上立。

liǔ shù yé ye

柳树爷爷

liǔ shù yé ye xiào wān yāo
柳树爷爷笑弯腰，

chángcháng hú zi hé biān piāo
长长胡子河边飘，

hé lǐ yú ér kàn jiàn liǎo
河里鱼儿看见了，

yuè chū shuǐ miàn wèn shēng hǎo
跃出水面问声好。

zǔ guó mā ma zhēn piào liang
祖国妈妈真漂亮

zǔ guó mā ma zhēn piào liang
祖国妈妈真漂亮，
liǎng tiáo cǎi dài pī shēn shang
两条彩带披身上，
yì tiáo cǎi dài jiào huáng hé
一条彩带叫黄河，
yì tiáo cǎi dài míng cháng jiāng
一条彩带名长江。

lǎo shǔ jià māo

老鼠嫁猫

xīn niáng lǎo shǔ jià māo jiā，yí bù liú shén bèi tūn xià。

新娘老鼠嫁猫家，一不留神被吞下。

māo shuō pà rén qī fu tā，cáng jìn dù lǐ bú hài pà。

猫说怕人欺负她，藏进肚里不害怕。

qiáng shàng guà miàn gǔ
墙上挂面鼓

qiáng shàng guà miàn gǔ　　gǔ shàng huà lǎo hǔ
墙上挂面鼓，鼓上画老虎，

lǎo hǔ zhuā pò gǔ　　ná kuài bù lái bǔ
老虎抓破鼓，拿块布来补，

bù zhī bù bǔ gǔ　　hái shi bù bǔ hǔ
不知布补鼓，还是布补虎。

lǎo shī wǒ ài nín
老师，我爱您！

lǎo shī lǎo shī wǒ ài nín nín xiàng mā ma zuì kě qīn
老师老师我爱您，您像妈妈最可亲，
jiāo wǒ zhī shi hé běn lǐng sòng shàng xiān huā biǎo wǒ xīn
教我知识和本领，送上鲜花表我心。

wǒ zuì ài wèi shēng
我最爱卫生

qín huàn yī　qín xǐ shǒu
勤换衣，勤洗手，

qín shuā yá　qín xǐ tóu
勤刷牙，勤洗头，

qín jiǎn zhǐ jia qín xǐ zǎo
勤剪指甲勤洗澡，

zuò gè jiàn kāng hǎo bǎo bao
做个健康好宝宝。

shǒu zhǐ gē

手指歌

bǎo bao xiǎo shǒu zhēn kě ài yì zhī shǒu zhǐ yáo yì yáo

宝宝小手真可爱，一只手指摇一摇，

liǎng zhī shǒu zhǐ bái tù tiào sān zhī shǒu zhǐ xiǎo māo miāo

两只手指白兔跳，三只手指小猫喵，

sì zhī shǒu zhǐ páng xiè táo wǔ zhī shǒu zhǐ lǎo yīng jiào

四只手指螃蟹逃，五只手指老鹰叫。

图书在版编目（CIP）数据

幼儿语言启蒙早开发．宝宝学儿歌．趣味儿歌 / 青葫芦编绘．— 广州：广东人民出版社，2019.1（2020.11 重印）
ISBN 978-7-218-13030-9

Ⅰ．①幼… Ⅱ．①青… Ⅲ．①儿歌－学前教育－教学参考资料 Ⅳ．①G613.2

中国版本图书馆 CIP 数据核字（2018）第 141439 号

YOU'ER YUYAN QIMENG ZAO KAIFA · BAOBAO XUE ERGE · QUWEI ERGE
幼儿语言启蒙早开发 · 宝宝学儿歌 · 趣味儿歌
青葫芦 编绘

出 版 人：肖风华

责任编辑：张竹媛 林冤冤 梁淑娴 潘 迺
整体设计：青葫芦
责任技编：周 杰 吴彦斌

出版发行：广东人民出版社
地　　址：广东省广州市海珠区新港西路 204 号 2 号楼（邮政编码：510300）
电　　话：（020）85716809（总编室）
传　　真：（020）85716872
网　　址：http://www.gdpph.com
印　　刷：福州凯达印务有限公司
开　　本：889 毫米 ×1194 毫米 1/20
印　　张：8
字　　数：200 千字
版　　次：2019 年 1 月第 1 版
印　　次：2020 年 11 月第 4 次印刷
定　　价：68.00 元（全 4 册）